L'AUTEUR

DE

LA RELIGIEUSE

ET

DU MAUDIT

OU

L'ABBÉ *** DÉMASQUÉ

PAR

B. CHAUVELOT

PRIX : 50 CENTIMES

PARIS

VICTOR PALMÉ, ÉDITEUR

RUE SAINT-SULPICE, 22

1864

L'AUTEUR

DE

LA RELIGIEUSE

ET DU MAUDIT

L'AUTEUR

DE

LA RELIGIEUSE

ET

DU MAUDIT

OU

D***ABBE*** *** DÉMASQUÉ

PAR

B. CHAUVELOT

PARIS

VICTOR PALMÉ, ÉDITEUR

RUE SAINT-SULPICE, 22

1864

L'AUTEUR

DE

LA RELIGIEUSE

ET DU MAUDIT

I

Il y avait une fois un libre penseur dont je pourrais au besoin citer le nom. Pour son début dans la carrière littéraire, il tenta de fixer les étoiles de la poésie à son front ; mais ces nobles dames, ne trouvant sans doute pas la place digne d'elles, ne voulurent pas descendre des cieux : il s'en vengea cruellement plus tard, en les contraignant à servir d'enseignes à deux énormes baquets d'ordure.

Fruit sec en poésie, il se rejeta sur la prose. Journaliste, philosophe, romancier, il fit des efforts inouïs pour arriver à la célébrité et à la fortune ; efforts inutiles ! Sa lourdeur native l'entraînait dans l'ombre. Les Revues dans lesquelles il écrivit ne tardèrent pas à payer de leur vie l'hospitalité imprudente qu'elles donnèrent à ses élucubrations pesantes et déclamatoires. Je dois dire, pour être juste, que ses diatribes haineuses contre le catholicisme étaient assez appréciées chez MM. les francs-maçons qui, dans les banquets, le montraient avec orgueil à mesdames les francs-maçonnes, entre deux canonnements humanitaires.

Je me garderai bien de dire quelque chose de ses romans. A peine si M. Vapereau, dont l'obligeance pour les libres penseurs est très-connue, daigne les nommer. Laissons-les donc dans les magasins de leurs éditeurs où ils attendent le jugement dernier, qui, je le crains, ne leur sera guère plus favorable que le premier.

Au milieu de son naufrage, parmi les débris de ses illusions et de ses rêves, il y avait quelque chose en lui qui ne faisait que gonfler. C'était sa haine de l'Église, capital productif par le temps qui court.

Mais comment l'exploiter, ce capital?

A genoux devant sa haine, comme un sauvage devant son idole, il lui demandait chaque matin une heureuse inspiration.

Un jour elle lui siffla cette réponse qu'elle tenait directement de Satan :

« Le plus rude coup qu'on puisse por-
« ter à l'Église, c'est de faire en sorte

« qu'elle s'avilisse elle-même et se désho-
« nore de ses propres mains. Pour accom-
« plir cette grande mission, et faire une
« large blessure au catholicisme, prends
« un déguisement, et cache bien ton vi-
« sage sous un masque sacerdotal. Tu as
« la faim du loup de la Fable, imite donc
« sa ruse. Pour faire taire toutes tes répu-
« gnances à accepter ce rôle, songe que
« pour écraser l'infâme tous les moyens
« sont bons, et rappelle-toi, pour te don-
« ner le courage nécessaire, qu'en essayant
« d'étouffer le catholicisme dans la boue,
« tu accomplis le vœu le plus cher d'un
« des maîtres de la libre pensée, M. Edgard
« Quinet. Fais cela, ajouta la haine en ri-
« canant et équivoquant sur une parole
« divine : FAIS CELA ET TU VIVRAS ! »

Pour réaliser cette noble inspiration et exécuter ce courageux dessein, que fit notre libre penseur? D'abord il fallait qu'il sentît un tant soit peu le prêtre en révolte.

Afin de s'imprégner de cette odeur nécessaire pour piquer la curiosité et provoquer le scandale, il descendit dans les bas-fonds du sacerdoce, et ramassa chez quelques prêtres interdits un hideux paquet de prétendues révélations, sur l'état moral du clergé inférieur, sur ses souffrances, son esclavage, ses aspirations vers le mariage et vers une transformation religieuse, etc., etc., révélations émaillées d'insinuations obscènes, d'anecdotes putrides et de vilenies nauséabondes. A peine l'âme du haineux libre penseur eut-elle rencontré l'âme du mauvais prêtre, qu'elles conclurent un mariage d'inclination. Nous verrons tout à l'heure quels monstres sortirent de cet accouplement.

Il s'en alla de là chez les protestants qui lui prêtèrent avec bonheur toutes leurs vieilles déclamations sur le déviement de l'Église à partir du quatrième siècle, sur l'exécrable moyen âge, sur le célibat des prêtres, sur les moines, sur le pape, sur la hiérarchie ecclésiastique, sur l'Immaculée Conception, etc., etc.

Pour finir sa hottée, il n'eut plus qu'à jeter ses filets dans le marais de la libre pensée. Il les retira pleins à rompre, d'injures, de calomnies, d'ignorances et de sophismes contre le catholicisme.

Muni de ces éléments, considérablement grossis par ceux qu'il tira de lui-même, il inventa une fiction propre à les mettre en relief.

Et le *Maudit*, incubé par la haine, la cupidité et l'hypocrisie, trois monstrueuses sorcières, fit son apparition dans le monde, sous le traitreux pseudonyme de l'*Abbé trois étoiles.*

Le scandale ne manqua pas à l'appel du libre penseur. Il fut au comble.

Au lieu de voir en ce livre un frère poissard de la *Vie de Jésus,* de M. Renan, et de reconnaître à travers le masque le vrai visage de l'auteur, les catholiques, aveuglés par une juste indignation, tombèrent dans le piége qui leur avait été tendu et crurent à l'existence de l'*Abbé trois étoiles*, qu'ils accablèrent de leurs justes anathèmes. Cet inconcevable manque de pénétration servit merveilleusement les desseins du libre penseur, qui, caché derrière le voile que la critique catholique et la critique philosophique, la première trompée et la seconde trompeuse, épaississaient à l'envie, se frottait les mains en signe de joie et de triomphe. « De deux choses l'une, s'écria-t-il, ou les jésuites sont des sots, ou je suis un homme de génie. Or les jésuites ne sont pas des sots, tant s'en faut : donc, je suis un homme de génie. Comme j'ai joliment attrappé le *chic* du curé défroqué ! Molière n'a pas mieux fait dans son Tartufe... Mais, voyons ! n'oublions pas le positif dans les fumées de la gloire. Profitez de la veine, et continuez à jouer votre rôle, monsieur l'Abbé trois étoiles. »

II

Quelque temps après ce monologue, le *Maudit* eut une sœur : c'est la *Religieuse*.

Mais cette fois le loup libre penseur, aveuglé par son premier succès et plein de mépris, sans doute, pour la naïveté des brebis catholiques, s'est trahi de la première à la dernière page de son livre.

Pour ma part, je n'avais pas lu trente lignes de la *Religieuse* que je me suis écrié : Non ! non ! l'auteur qui a vidé ici son âme tout entière, n'est point un prêtre défroqué, mais bien un libre penseur enfroqué.

On dit qu'avec un os fossile, l'illustre Cuvier devinait la nature et les proportions de la bête à laquelle cet os avait appartenu. Ici, dans les volumes (c'est baquets que je devrais dire), que j'ai sous les yeux et que j'ai lus tout entiers, je trouve, non-seulement un signe isolé, mais tous les caractères réunis et tranchés d'un philosophe humanitaire doublé d'un romancier de bas étage, et m'est avis qu'avec un peu de bonne volonté jointe à la connaissance parfaite que je possède de la carte philosophico-dramatico-progressivo-humanitaire, je pourrai aisément lever le masque grossier sous lequel le véritable auteur essaye de se cacher. Et si je ne le nomme pas, il s'en faudra de bien peu.

A l'œuvre donc !

III

« Je suis, nous déclare-t-il, un pauvre
et humble prêtre convaincu, profondé-
ment convaincu de la nécessité d'une réforme dans l'Église qui, à mon avis, a
étrangement dévié de sa pureté primitive.
Je viens, sous la forme la plus populaire
de la littérature, sous la forme du roman,
non point traiter des questions de dogme,
mais de pure discipline. Je ne suis point
révolté contre la croyance, je le suis seulement contre des institutions que je crois

mauvaises. Ce que j'attaque, c'est l'ultramontanisme, le monachisme, la théocratie et l'autocratie ; et le drapeau que je lève, c'est celui de l'émancipation du *prolétariat* sacerdotal. *Ma parole n'est pas une parole de révolte* CONTRE LA LÉGITIME AUTORITÉ DE L'ÉPISCOPAT... SOUILLER L'ÉPISCOPAT SERAIT UN CRIME POUR MOI, » etc...

Voilà le masque, masque fait d'hypocrisie et de lâcheté, faux visage à l'aide duquel on veut faire illusion au public et endormir la vigilance de la justice.

Jetons bas ce masque transparent et mettons la vraie figure en pleine lumière.

Un simple coup d'œil jeté sur la préface de la *Religieuse* suffit pour reconnaître à qui nous avons à faire ici.

Il a paru, dans ces derniers temps, un livre qui a, du même coup, excité le mépris de la science et l'indignation de tous les chrétiens sans exception. Ce livre, c'est la *Vie de Jésus*, de M. Renan. Eh bien, voulez-vous savoir comment l'auteur de la *Religieuse* parle de ce livre? Il n'a pas assez d'épithètes pour le louer. C'est une œuvre *brillante, imagée, fantastique, un livre destiné à montrer les véritables origines du christianisme...* A l'apparition de ce livre qui avait un succès *remarquable* (on sent qu'il dirait mérité s'il ne se souvenait de son rôle d'Abbé trois étoiles) *le monde intelligent et lettré* A ÉTÉ ÉBAHI DES PROTESTATIONS DU CLERGÉ. Et vous, M. l'Abbé, vous avez en votre double qualité d'homme intelligent et lettré, — nous verrons plus loin jusqu'à quel point vous méritez ces deux qualités, — vous avez été tout naturellement ébahi comme les camarades. Moi aussi, mon cher défroqué, je suis ébahi de ce qu'un prêtre, quelque réformée ou déformée que soit sa conscience, ne se soit point senti blessé par une œuvre qui attaque la divinité de Celui dont vous vous dites le prêtre.

Mais c'est surtout dans l'explication des raisons qui lui font garder l'anonyme, que le libre penseur éclate dans tout son jour.

Nommez-vous, lui cria-t-on de toute part, après l'apparition du *Maudit*. Montrez-nous votre visage de réformateur et d'apôtre. Votre nom, votre caractère, ne feront sans aucun doute qu'ajouter à la considération dont vous jouissez déjà et hâteront le moment de votre triomphe.

Non, je ne me nommerai pas, nous répond-il dans la préface de la *Religieuse*, et cela pour trois raisons.

La première, c'est que les catholiques ne répondent pas aux raisons par des raisons.

Avouez, lecteurs, que voilà une raison qui prouve que l'auteur en manque. Voyons cependant les autres.

La seconde est ainsi formulée : « Mais, « naïfs que vous êtes, vous n'eussiez pas « lu vingt lignes de l'ouvrage, que vous « eussiez demandé à hauts cris toutes les « foudres de Rome et de l'épiscopat. »

Quelle bonne attache à mon masque, a-t-il dû s'écrier après cette parole ! Un prêtre qui tremble devant les foudres épiscopales, comme c'est bien dans le rôle !

Eh ! non, monsieur, ce n'est pas bien dans le rôle ; c'est tout ce qu'il y a de plus contraire à votre rôle. Deux mots vont vous le prouver.

Il est évident que si vous craignez les foudres romaines et épiscopales, c'est à cause de leurs effets spirituels. Car pour quelles autres raisons les craindriez-vous?

Ce n'est certes pas à cause de leurs effets sociaux, car vous n'ignorez pas que de nos jours l'excommunication est un passeport de communication avec la plus grande partie de la Société, et que si l'Église attristée vous ferme ses portes, le monde, le vaste monde vous ouvre les siennes à deux battants. Les temps sont changés, vous le savez bien.

De nos jours, c'est le chrétien qui est autant que possible l'excommunié social, et le mécréant l'excommunicateur.

Au chrétien véritable l'isolement, la pauvreté, l'obscurité ou les outrages.

Au libre penseur, au renégat, au traître à l'Église, toutes les joies de la vie, tous les honneurs de la société, toutes les faveurs de la fortune, tous les sourires de la célébrité.

Le meilleur titre à vos respects et à vos hommages, c'est d'être excommunié. Tous les fronts que Rome a frappés sont chargés de couronnes par vos mains.

La lecture de votre livre d'ailleurs prouve que vous parlez bien plus en sacrificateur qu'en victime, et, si vous ne foudroyez pas l'épiscopat, dites-vous, c'est par pure bonté de cœur. Quand on dispose, comme vous, du tonnerre, on ne tremble pas devant l'impuissante malédiction du Vieillard qui est à Rome.

Ce n'est pas non plus à cause du tort qu'elles pouvaient faire à votre livre, car vous savez aussi bien que moi qu'un livre foudroyé de la sorte ne s'en porte que mieux mercantilement parlant, et que la mise à l'index d'un livre est considérée, par MM. les éditeurs, comme la meilleure de toutes les réclames : attendu qu'elle ne coûte rien et qu'elle est universelle.

Cela est si vrai, que tout dernièrement je lisais l'annonce d'un livre se terminant par ces mots en gros caractères : *Ouvrage qui vient d'être mis à l'index.*

Reste donc la crainte de l'effet de l'excommunication sur l'âme.

Je ne vous rappellerai pas, Monsieur, que tout votre livre prouve que vous ne croyez ni à la divinité de Jésus-Christ, ni à l'autorité de son Église, et que par conséquent vous vous moquez on ne peut plus des foudres romaines ; je me contenterai de vous dire que, si vous étiez un véritable prêtre, interdit ou non, vous sauriez cette chose élémentaire : que l'excommunication n'a pas besoin de connaître votre nom pour vous atteindre. En frappant une œuvre, c'est en réalité l'âme de l'auteur qui est atteinte. Il n'y a pas de paratonnerre contre les foudres de l'Église. Rien ne peut en garantir le coupable.

Donc l'auteur en question n'est pas un prêtre. L'erreur se coupe toujours, a dit le Père Gratry. Elle a fait plus que se couper dans cette circonstance, elle s'est suicidée. En mettant cette crainte des foudres de l'Église dans la bouche de son faux abbé, le Romancier *** a cru faire de la couleur locale, et n'a fait en réalité qu'une sottise. Du reste, si notre libre penseur eût considéré un instant ses véritables proportions, il n'eût point imaginé cette crainte : ignorait-il donc que les foudres de l'Église, comme celles du ciel, atteignent les hauteurs de préférence, et laissent aux préposés de la salubrité le soin de vider les crapaudières.

Mais n'a-t-il pas été plus heureux dans sa troisième raison que dans celles qui précèdent? C'est ce que nous allons voir.

Pour troisième raison, il nous dit, après avoir tout naturellement évoqué le fantôme de l'inquisition, que s'il ne se nomme pas c'est..... vous ne le devineriez jamais, chers lecteurs, et moi, j'en crois à peine mes yeux ! C'est par crainte de VOIR BRISER SA CARRIÈRE SACERDOTALE.

O Jean Huss, ô Luther, ô Calvin, ô Lamennais, ô vous tous les pères de la libre pensée, voilà donc à quel degré d'abjection vos successeurs et vos fils sont descendus ! Ils se cachent honteusement sous le froc, et n'éprouvent d'autre crainte que celle de voir leur marmite renversée.

Je ne sais pas ce que le *monde intelligent, qui a été ébahi des protestations du clergé contre le livre de M. Renan,* pensera de cette réponse ; mais, s'il n'en est pas plus ÉBAHI que de la conduite susdite du clergé, c'est qu'il n'a plus le sens moral. Quelle différence entre le personnage réel et les deux héros de ces livres ! Quel courage, quelle soif du martyre, quel dévouement... sur le papier, et quelle lâcheté, quelle bassesse dans la réalité ! Tandis que les prêtres Julio et Loubaize courent au martyre dans le *Maudit* et la *Religieuse*, l'auteur, qui se dit pourtant le héros de ces livres, court..... à la caisse.

Mais ce que je tiens à montrer d'abord, ce n'est pas l'état moral de cet homme, c'est son ignorance absolue du rôle qu'il veut jouer.

N'est-il pas en effet visible, par cette réponse abjecte qu'il met dans la bouche de son abbé, qu'il n'a pas la moindre idée de la fonction sacerdotale, que pour lui cette noble et sainte fonction n'est point différente des fonctions civiles, dans lesquelles cependant un honnête homme ne veut pas rester, quand elles exigent de lui des services que sa conscience lui défend de rendre ?

Un prêtre n'eût jamais fait cette réponse, car il eût compris tout ce qu'elle renferme de honte, de lâcheté, d'hypocrisie, d'invraisemblance et même d'absurdités. Je vais plus loin : un prêtre n'eût pas fait cette réponse, par cette raison, selon moi péremptoire, qu'un prêtre sans foi préférerait à la vie et aux fonctions du sacerdoce les travaux forcés à perpétuité.

Si l'auteur eût parlé à visage découvert, pour son propre compte, s'il n'eût pas cru, à tort selon nous, sa personnalité et son honneur hors de cause, il n'eût point fait cette réponse : on ne consent point à se dégrader et à s'avilir de ses propres mains.

Donc, encore une fois, l'auteur de la *Religieuse* et du *Maudit* n'est point un prêtre, donc il est l'antipode du prêtre, l'anti-prêtre, donc c'est un libre penseur mal enfroqué.

IV

Mais si la qualité de cet anonyme s'est trahie dans les précautions qu'il a prises pour se cacher et faire perdre la piste à la critique honnête et chrétienne, on peut dire qu'elle éclate dans tout le reste du livre.

Le ton boursoufflé de l'auteur, ses sympathies, ses haines plus déclamatoires que violentes, ses habiletés à tourner certains obstacles et obtenir certaines tolérances, ses inépuisables injures pour les vaincus, ses hypocrites flatteries à l'opinion publique, sa richesse en lieux communs, une certaine odeur sur l'origine de laquelle les narines exercées ne se trompent guère, et, par dessus tout, sa doctrine et son style, tout ici nous révèle le libre penseur maçonique.

Le mauvais prêtre a de toutes autres allures. Sa haine n'est point une haine de surface, une haine empruntée, déclamatoire, tapageuse, délayée, dispersée, une haine d'histrion. Non, elle se tord au fond comme un reptile dans son trou, elle est profonde, contenue, sourde, sinueuse, équivoque, prudente, respectueuse. Le prêtre possédé du démon ne combat pas en pleine lumière, à visage découvert. Il s'enveloppe des ombres de la nuit, il s'avance le sourire et le respect sur les lèvres. Arrivé près de l'objet de sa haine, il s'agenouille, se relève, tend les bras, penche la tête, embrasse le Christ et dans cet embrassement essaye d'une main rapide de lui voler sa couronne divine. Le mauvais prêtre ne nie pas le Christ, il le salue du mot de *Maître, Ave Rabbi*, et il le livre perfidement à ses ennemis.

Dans les livres en question nous n'avons rien de pareil. Jésus-Christ, malgré quelques équivoques qui ne trompent personne, y est ostensiblement et bruyamment nié, nié tout entier : sa divinité, son œuvre, ses dogmes et son Église.

Après s'être efforcé de se cacher sous le masque hideux que nous venons de voir, l'auteur de la *Religieuse* ouvre avec bonheur toutes les cataractes de la libre pensée. C'est, du commencement à la fin du livre, une avalanche de déclamations et de lieux communs imités, j'allais dire empruntés de Quinet, Michelet, George Sand, Ernest Renan, etc. Il ne parle que « de la vie nouvelle qui doit surgir dans l'humanité. » Il se rue, à chaque page, sur le mysticisme (lisez catholicisme), « qui est la mort de l'*être intelligent et rationnel*. Parodiant, à son insu, un mot célèbre du P. Lacordaire, il appelle les saints « des extravagants. » « Le mysticisme ou la sainteté doit tomber devant une civilisation qu'éclaire la science. » —— « Tu ne laisseras pas, fait-il dire par le principal personnage de son roman, tu ne laisseras pas s'interrompre la longue chaîne des patients et des martyrs, qui attendent le grand jour de l'illumination *sérieuse* de l'humanité, par les splendeurs de la doctrine CACHÉE SOUS LA LETTRE ÉVANGÉLIQUE. »

Il est visible que cette phrase creuse et ampoulée est, non d'un prêtre, mais d'un maçon. L'illumination, la lumière, la doctrine secrète, le style, rien n'y manque.

Dans cet affreux capharnaüm, on retrouve, ici le circulus de M. Pierre Leroux, là, la métempsycose du Père Enfantin, plus loin, le naturalisme de MM. Taine et Michelet, et partout un rationalisme sans raison.

— Voulez-vous la négation de la révélation? Écoutez-le s'écrier du ton d'un homme inspiré... par M. Edmont About : « Le ciel parle par la conscience de l'homme ! »

Ses sympathies pour Arius, pour Luther, et pour tous ceux qui sont entrés en révolte contre la grande, la sainte, l'universelle Église catholique, éclatent à chaque pas en dithyrambes essoufflés.

Il veut « que l'Église délaisse les *errements* (lisez dogmes) du moyen âge, et *s'assimile par des théories larges le monde moderne.* » En d'autres termes, il demande à la religion de changer de religion.

Mais il n'ignore pas que son vœu ne sera pas accompli, car l'Église est une institution vieillie, pourrie, et qui ne se transformera pas. Dans vingt ans il n'en sera plus question. « Prêtres, s'écrie-t-il, qui que vous soyez, n'allez pas empoisonner votre vie à ces vains essais de réforme religieuse ! Les vieux arbres ne *rajeunissent pas*, ILS MEURENT ! Travaillez à reconstruire avec *quelques pierres du passé* qui sont demeurées inattaquables aux siècles, l'édifice religieux de l'avenir. N'allez pas vous épuiser à jeter du crépi sur celui qui s'écroule. Tant pis pour les obstinés qui veulent s'engloutir sous ces décombres ! »

N'est-ce pas là, je le demande, la phraséologie ordinaire des vénérables de la Franc-Maçonnerie ? Il n'y est question que de construction, de bâtisses, d'édifices, de pierres, de crépi, de mortier, d'écroulement, de gravas, de décombres. Oh! en vérité, ça sent joliment son fruit.

Inutile de faire remarquer que nous n'avons point affaire ici avec un prêtre réformateur, mais avec un philosophe qui s'efforce de couper l'arbre à sa racine. Continuons à mettre en lumière le vrai visage de notre grossier Tartufe.

— « Il ne pense pas que l'humanité, qui est religieuse par essence, puisse se passer de religion. » C'est une infirmité à laquelle il faut savoir compatir ; mais si on consent à lui-laisser une religion, il n'en faut laisser que le moins possible, un tout petit bout, une nuance. Surtout pas de dogmes, pas de pontifes, pas de prêtres et pas de culte. Cela élagué tout d'abord « IL FAUDRA DÉGAGER DE L'INCONNU L'AVENIR RELIGIEUX DE L'HUMANITÉ. »

Je n'aurais lu que cette seule phrase,

doublement soulignée, que je n'hésiterais pas à dire que celui qui l'a reproduite, pour la centième fois au moins, est, à n'en pas douter, un caporal de la libre pensée. Je l'ai longtemps, très-longtemps regardée cette phrase, je l'ai observée, et, à mesure que je l'observais, il me semblait qu'un gouffre d'absurdités s'ouvrait devant mon esprit. « Dégager, répétais-je méditatif et grave, DÉGAGER DE L'INCONNU L'AVENIR RELIGIEUX DE L'HUMANITÉ!... » mais c'est la formule propre de l'absurde ! On dégage quelque chose de ce qui est; c'est la loi générale de la vie physique et rationnelle ; mais vouloir dégager quelque chose de zéro, c'est vouloir créer de rien; et il n'y a que Dieu qui ait ce pouvoir, encore faut-il s'entendre quand on dit que Dieu créa de rien. Ce n'est pas tout. Ce monsieur veut dégager de l'inconnu... quoi?... La religion de l'avenir. Or le propre du libre penseur, c'est de se dire d'une religion qui n'existe pas quand il existe, lui, et qui existera peut-être quand lui n'existera certainement plus : ingénieux moyen de les vilipender toutes et de n'en jamais pratiquer aucune.

Mais qui dégagera de l'inconnu l'avenir religieux de l'humanité?

— Réponse : « *Ce n'est plus par des pêcheurs, comme les Galiléens, que le mouvement se communiquera au monde; c'est par les hommes de la science, par les hommes de la littérature, par les hommes de la presse. La force est là aujourd'hui.* »

Si la logique n'avait pas fait volte-face, si on continuait toujours à conclure du connu à l'inconnu, je ne serais peut-être pas très-rassuré sur l'avenir religieux de l'humanité, — les dégagements présents me faisant présager ceux de l'avenir ; —

mais, du moment où on s'engage à tirer l'avenir de l'inconnu, je n'ai plus rien à dire. Je me borne seulement à rappeler à l'auteur de la *Religieuse* — qui semble l'avoir oublié, — que s'il veut réellement, — ainsi qu'il l'a déclaré, — ramener l'Église à sa pureté primitive, les pêcheurs galiléens ne seront pas de trop, et je m'étonne en réalité, monsieur l'abbé, que vous poussiez l'esprit de réforme jusqu'à réformer les apôtres eux-mêmes.

En lisant cette phrase je me suis rappelé une anecdote très-dramatique, qui me fut contée dans mon enfance par un prêtre devenu aujourd'hui un évêque célèbre.

Ce prêtre fut un jour appelé dans un des hôpitaux de Paris, pour essayer de convertir un moribond, qui n'avait cessé de repousser avec une sorte d'horreur tous les aumôniers de la maison. Au bout de quelques minutes de conversation ou plutôt de discussion, le prêtre visiteur se leva vivement, et, dirigeant sa main vers le visage verdâtre du moribond, il lui dit d'une voix émue et étouffée : *Tu es sacerdos !* Tu es prêtre ! A quoi le malade répondit : *In æternum.* Pour l'éternité, et il mourut !!!!

A certaines objections que ce malheureux avait faites au prêtre visiteur, celui-ci avait tout à coup découvert le caractère sacerdotal.

Eh bien ! en lisant la phrase qui précède, moi, je me suis écrié avec énergie : *Non es sacerdos !* Tu n'es pas prêtre ; tu es un littérateur ; tu es un trop libre penseur ; tu es un maçon qui n'est pas franc.

En attendant les dégagements de l'avenir, voici ce que ce monsieur dégage dans le présent. Après l'avoir flairé, je prie mon lecteur de me dire ce que cela sent.

« Toutes les religions se transforment; (ce n'est pas vrai,) le catholicisme, qui n'est qu'une forme religieuse, comme une autre, doit se transformer aussi, c'est-à-dire mourir. »

Il ne croit pas à la présence réelle : il ne voit dans l'Eucharistie qu'un banquet fraternel. (Style et idée de maçon.)

L'humanité traverse une époque de transition. (Voilà cent ans qu'ils répètent ce lieu commun. Ils disent pourtant la vérité sans le savoir : ils ne font en effet que passer : Jésus-Christ demeure.)

Il faut à ce monsieur un christianisme rationnel qui réponde au *Positivisme* de son esprit. O grand Dieu ! qu'est-ce donc que l'avenir dégagé, que ces messieurs nous préparent !

Plus d'enfer ! Avant un siècle, dit-il, la foi à un enfer où les châtiments seront proportionnés, à la fois expiatoires et améliorants, sera la croyance universelle.

Au *Credo*, au Symbole des Apôtres, il substitue ce qui suit : les principes d'égalité, de liberté, de fraternité sont le *Credo* de l'Église sociale.

Voulez-vous une négation complète, totale, absolue du catholicisme en même temps qu'une profession de foi maçonnique ? Lisez :

« La grande Église, s'écrie-t-il, l'É-
« GLISE VÉRITABLE, qui a toutes *nos sym-*
« *pathies*, bien loin de se renfermer dans
« le cercle étroit d'une *secte, est immense*
« *comme l'humanité elle-même...* Tout
« ce qui adore Dieu en esprit et en vérité
« est, à nos yeux, chrétien, n'importe
« sous quel climat, sous quelle forme de
« civilisation, sous quel culte. »

On le voit, nous sommes bien loin du christianisme primitif ; mais au contraire en plein Renan. Nous pensons que le célèbre professeur d'hébreu fera payer à M. *** (il ne s'en est rien fallu que j'écrive ici un nom) des droits de reproduction.

Nos lecteurs le voient, sous prétexte de réformer l'Église, l'auteur du livre en question élimine le catholicisme tout entier. Il est entré dans l'Église comme jardinier, et il se conduit en bûcheron.

Un dernier mot. On reconnaît le libre penseur à deux marques principales : la première, c'est la flexibilité vraiment étonnante de son échine ; la seconde, c'est son idolâtrie pour ce qu'on appelle l'opinion publique. Nous ne parlerons pas ici des flatteries ascendantes de l'auteur de *la Religieuse :* elles nous répugnent trop ; nous nous contentons de donner un exemple de ses adulations descendantes.

Toucher à nos religieuses vénérées, toucher, pour les flétrir, à ces saintes femmes qui, naguère encore, apparaissaient comme des anges sur les champs de bataille pour soigner, guérir, consoler nos pauvres soldats blessés, recevoir leurs dernières pensées pour les transmettre à ceux qu'ils aimaient, et bercer leur agonie en leur parlant de leur mère, de leur village, de leur fiancée et de leur Dieu, c'eût été provoquer le dégoût et l'indignation de l'opinion publique. Aussi notre libre penseur s'est-il bien gardé de commettre cette maladresse. Au contraire il cueille pour nos vierges chrétiennes toutes les fleurs de la poésie ; mais, en plaçant des couronnes sur leur front, il leur adresse respectueusement la question suivante : « Ne servez-vous pas à propager, *presque à votre insu,* (ce *presque* est *presque* joli !) des doctrines que vous croyez être celles de

l'Évangile, et qui en sont la négation for-
melle. »

On le sent du reste, l'auteur a cherché
une perfidie et il n'a trouvé qu'une grosse
sottise. Nous lui conseillons, pour appren-
dre le maniement de cette arme, de fré-
quenter les livres de M. Renan, ce type
achevé de l'abbé défroqué.

Prise à la lettre, que signifie cette
phrase ?

Elle signifie que nos religieuses, nos
sœurs de charité, sont une défense évangélique d'une doctrine contraire à l'É-
vangile, laquelle doctrine pourtant les a
faites ce qu'elles sont en réalité, c'est-à
dire évangéliques ! car il est évident que
ces saintes filles sont les fruits de la doctrine qu'elles propagent. Et si le fruit est
évangélique, comment la séve qui l'a
nourri serait-elle contraire à l'Évangile ?

C'est impossible, à moins qu'on n'atteste la loi des antinomies de P.-J. Proudhon, d'après laquelle chaque être produit son contraire. Mais, si cette loi était vraie, ce serait, non l'Église, mais la franc-maçonnerie, qui aurait conçu et créé la sœur de charité.

D'ailleurs il est encore temps. Pourquoi ces messieurs, qui connaissent, pratiquent le véritable Évangile, n'humilient-ils pas l'Église en créant des sœurs de charité plus parfaites que les nôtres? Bien plus, si vous êtes convaincu que nos religieuses propagent, à leur insu, une doctrine antiévangélique, pourquoi ne les tirez-vous pas de leur illusion en les mettant en contact avec la *lumière sérieuse?*

Pourtant si j'ai un conseil à vous donner, c'est de ne pas leur détacher votre Thérèse, l'héroïne du roman *la Religieuse*, pour tenter leur conversion? car beaucoup d'entre elles, appelées par leur zèle, mal éclairé sans doute, à la maison de correction de Saint-Lazare, y ont vu ses pareilles, et n'en ont été que médiocrement édifiées. Si cette Thérèse dont il m'est impossible de dire les mœurs et de raconter les aventures, tant cela est immonde, si cette sœur de charité suivant la formule de Béranger est votre idéal, je vous engage fort de ne pas la séparer de son ami Loubaire, le prêtre défroqué. Croyez-moi, plus vous la tiendrez cachée, plus l'évangélisation du monde y gagnera.

V

J'ai dit, en commençant, que l'auteur de la *Religieuse* était un libre penseur doublé d'un romancier de bas étage.

Je crois avoir prouvé la première partie de ma thèse, mais je recule devant les difficultés de la seconde.

J'ai essayé jusqu'à trois fois de donner une analyse de ce roman ; mais cela m'a été impossible. La langue française s'est longtemps refusée à cette humiliation. L'obscène ordinaire rougirait de donner la main à l'obscène de ce livre. Cela relève moins de la critique que de la voirie.

Cependant essayons-la cette analyse.

Après des efforts inouïs, je crois être à peu près parvenu à rendre la chose supportable.

Le premier volume qui est le moins *analysable*, se compose des aventures de Mlle Thérèse, religieuse dans je ne sais quel hospice, avec le prêtre interdit Loubaire, et des voyages de la dite héroïne dans différents couvents où elle se trouve tout naturellement déplacée, c'est une justice qu'elle aime à se rendre, et que nous lui rendons aussi très-volontiers. A propos de l'enterrement de Julio, le héros du *Maudit*, il se passe dans les montagnes des Pyrénées, une scène que nous recommandons à l'attention de

M. de Lamartine. Il y verra son Jocelyn
à l'état de putréfaction.

Ce volume tout rempli des rapports de
Mlle Thérèse à Loubaire sur les couvents
où elle semble chercher une perfection
qu'elle a déjà trouvée dans Loubaire,
renferme, en outre, des intermèdes où
l'auteur s'efforce de traîner dans la boue
les prêtres, les évêques, les religieux
et tous les défenseurs plus ou moins il-
lustres de l'Eglise. Après avoir désho-
noré le *Jocelyn* de Lamartine, il avi-
lit encore le Juif-Errant d'Eugène Sue.
Réellement ce n'est pas de l'encre qui
s'écoule de cette plume, c'est de la boue,
une boue particulière, une boue abjecte,
une boue gâtée et saturée d'obscénités,
une boue qui vous écœure et qui révolte
jusqu'à ces passions basses qui sont au
fond de l'âme humaine.

Dans le second volume on voit se former le cénacle qui doit régénérer le monde, étrange cénacle qui se compose 1° de l'évêque Laurent, évêque qui avait été forcé, à cause de ses idées, de donner sa démission d'un évêché quelconque. Et tout naturellement, cette victime des Jésuites, du Pape et de M. Veuillot que l'auteur appelle spirituellement Falot n'est pas content du tout. Et il ne serait pas fâché, à son tour, de faire une bonne niche à ses bourreaux en les réformant.

2° Du prêtre défroqué Loubaire. Ce personnage s'est préparé à l'apostolat nouveau par une série de crimes et d'aventures qui sont racontés dans le *Maudit*. Il se rend justice, il n'a pas une très-bonne opinion de lui. Quand il entre chez l'évêque ci-dessus nommé, il est tout étonné d'en recevoir un accueil flatteur : « Monseigneur, vous êtes réellement trop bon pour moi. Ignoriez-vous mon passé ? »

A quoi l'évêque Laurent répond : « Nullement, mon ami, mais je crois au miracle de la rénovation des âmes plus qu'au *miracle de la réformè des prêtres.*

Il y a ici une logomachie absurde.

3° De l'abbé de Cambiac, un digne religieux que les Jésuites avaient chassé de leur ordre « *parce que sa nature droite et simple répugnait à leurs procédés.*

La nature droite et simple de monsieur consiste à rester dans l'Eglise pour mieux la trahir.

Ces trois messieurs causent ensemble d'abord de leurs mésaventures particulières et ensuite des moyens à prendre pour *faire un peu* de *lumière* et *fonder* l'ÉGLISE NOUVELLE.

Suit le programme de l'*Église nouvelle*, élucubré et déclamé par Loubaire.

C'est un inintelligible galimatias ou la grammaire est encore plus offensée que le bon sens, et qui conclut par une déclaration de guerre à l'Église. Je ne sache pas qu'on ait jamais accumulé, dans un aussi petit espace, autant de folies, de bassesses et d'insultes.

Deux phrases que je transcris vont donner à mes lecteurs un exemple de l'élévation des idées et de l'atticisme de nos modernes apôtres.

« Il faut, dit Loubaire, préparer lentement des hommes nouveaux à une *compréhension raisonnable de l'idée évangélique*, QUI LA RENDE ACCEPTABLE AU MONDE MODERNE. »

Vous le voyez, il ne s'agit pas ici de réformer l'Église, mais bien de corriger l'Évangile pour le rendre ACCEPTABLE au monde moderne.

Ces messieurs ont été prévenus dans cette tâche par Ernest Renan. Il a fait un Evangile à sa mesure, et le monde l'a trouvé très-petit.

Quels puants !

Continuons.

« Laisser Rome actuelle aller aussi loin *qu'elle* voudra dans les condamnations *qu'on* lui demande (qui les lui demande ?) contre les écrits *qui* ont posé la question de l'alliance de l'Église avec la liberté et le progrès. Il serait par trop puéril *de* croire que ces décisions *de* la colère *d'un* parti qui a su s'emparer *de* l'esprit *d'un* pieux *Pontife*, fussent *des* décrets *de* la Sagesse suprême qui engageassent notre conscience au silence devant les folies de Rome (*sic*). »

Ouf! j'ai bien cru que je ne sortirais pas de ces articles-là.

Oh! messieurs, commencez donc par corriger votre style, afin de le rendre acceptable au monde moderne.

Et quand ils ont, pendant une demie-heure, débité des sottises et des insultes dans ce jargon écrasant, ils se flattent humblement d'avoir ouvert de *larges horizons* et d'avoir produit une *grande pensée d'avenir*.

C'est dans ce cénacle de Judas imbéciles, que furent résolues les deux publications qui nous occupent. Il est visible que le Saint-Esprit ne les a pas encore visités, et qu'au rebours des vrais apôtres, ils ne parlent aucune langue connue.

Le quatrième personnage qui intervient dans cette réunion est une religieuse trois fois défroquée, sœur Thérèse, une avanturière qui éprouve toutes sortes de sentiments tendres pour l'honorable M. Loubaire. Après avoir erré par monts et par vaux avec son IDÉAL, son idéal, qui avait sans doute besoin de renseignements pour ses livres, la fait voyager, sous prétexte qu'elle a une certaine tendance à la vie religieuse, de couvents en couvents. L'auteur a essayé d'en faire une âme tourmentée, un cœur possédé du désir de la perfection, mais il se connaît si bien en sainteté, qu'il n'en fait, en réalité, qu'une espionne.

Ses prétendus renseignements ramassés, — car tout ceci n'est qu'une fiction inventée dans le dessein de calomnier la vie religieuse, — cet apôtre-femelle, quitte le couvent de la Trinité de Bordeaux, prend la clef des champs, revêt un costume d'une *simplicité* qui *n'excluait pas l'élégance*, se frise, s'attiffe, et se mire avec complaisance, se trouve passablement fraîche et jolie, monte dans un *wagon* de *première classe,* et arrive chez son idéal, M. l'abbé Loubaire.

« Loubaire (que ce nom est laid et qu'il me fait du mal à écrire !) Loubaire, qui avait retenu un appartement pour Thérèse chez les dames de Saint-Séverin, s'empressa de mettre son amie, *dont il voulait faire l'apôtre de l'Église nouvelle* dans *le monde des femmes,* au courant de tout ce qui s'était passé dans le salon de l'évêque Laurent. Il avait une copie du programme sur lequel l'évêque devait écrire le livre révélateur (le Maudit)... Il fit à son amie lecture de ce programme... ». Cette lecture lui désilla définitivement les yeux, (vrai, il n'y a pas de quoi). Et dans son enthousiasme elle s'écrie : Corps et âme ! j'appartiendrai à la Société nouvelle ! Présentée au Cénacle par Loubaire, mademoiselle Thérèse fut d'autant mieux reçue, qu'à toutes ses qualités très-précieuses —

pour de pareils êtres, elle joignait une immense fortune patrimoniale.

On pense bien que la fortune de cette fille dût être vivement convoitée par les supérieures des couvents ou elle cherchait sa vocation ; mais Loubaire veillait au grain, et *uniquement* par haine de l'Église il dirigea le cours d'eau dans son pré.

Ce fut donc avec l'argent de Thérèse que l'évêque Laurent, flanqué de ses deux grands vicaires Cambiac et Loubaire commença la première publication de l'*Église nouvelle*. « Il avait été convenu, dit l'auteur, que tous les frais de cette grande publication seraient à la charge de sœur Thérèse, *qui avait mis tout ce qu'elle possédait* au *service* de *l'œuvre nouvelle*. »

VI

Au dire de l'auteur il n'y eut d'égal au succès du *Maudit* que la fureur de la Secte. Il y eût, dans la Secte, une explosion d'indicible fureur à l'apparition du livre de l'évêque Laurent, caché sous l'anonyme de l'abbé ***. »

Allons bon ! Voilà que ce n'est plus un simple abbé qui est l'auteur du *Maudit*, mais bien un évêque. Si notre libre penseur produit un troisième monstre, il l'attribuera sans doute au Pape, lui aussi est esclave (1).

(1) Suivant l'auteur l'église est une longue chaîne

Il n'y eut pas seulement de la fureur, dans la Secte, il y eût aussi parmi les chefs de la stupeur.

Sous l'empire de cette stupeur, tous les écrivains catholiques se réunissent pour aviser dans la *Caverne* de la *Mappemonde catholique.*

Je regrette vivement que les limites de cet opuscule ne me permettent pas de citer ici la description de la prétendue scène qui se passe ; mais il me suffit de dire que le romancier***, après avoir ignoblement travesti le nom des écrivains catholiques, leur met dans la bouche ses idées et son style.

Et croyez-moi, c'est abject.

Dans cette réunion, les catholiques stu-

de galériens ou les fidèles sont les esclaves des prêtres, les prêtres esclaves des évêques, les évêques esclaves du pape, et le pape esclave de M. Louis Veuillot qui est appelé spirituellement Falot.

péfiés à la vue du nouvel évangile (et il y avait de quoi) résolurent, sur la proposition d'un *cuistre considérable* que l'auteur appelle Falot, et que les honnêtes gens appellent respectueusement Monsieur Veuillot, d'étouffer le Maudit.

Mais les Jésuites, blessés jusqu'au vif, ne furent pas de cet avis. Résolus de se venger, ils firent appel à un de leurs séides à gages nommé Pantaléon Laboue (saluez, ami Lasserre) et lui commandèrent une riposte sanglante.

Je me permets ici une petite réflexion.

Si les Pères Jésuites subventionnaient leurs défenseurs je suis sûr qu'ils n'auraient pas de plus chauds défenseurs que certains libres penseurs de ma connaissance. M. Proudhon n'a-t-il pas tout dernièrement publié un livre où il montre la plupart de nos journalistes à genoux devant le veau d'or ?

Les Jésuites ne s'en tinrent pas là. Il leur fallait une réparation plus éclatante, plus solennelle.

Pour l'obtenir ils jetèrent les yeux sur un archevêque de Narbonne auquel ils avaient fait donner le chapeau de cardinal à condition que cette Éminence prendrait leur défense.

Ils lui rappelèrent sa promesse avec une énergie qui ne permettait pas les faux-fuyants.

Donnons ici la parole à l'auteur.

« Le cardinal, qui avait immensément « d'esprit, comprenant qu'il ne pouvait « plus reculer voulut se donner tout le « mérite de la démarche qu'il allait faire, « et il prévint ses collègues du cardinalat « qu'il porterait la parole au Sénat pour « désigner à l'attention du gouverne- « ment les livres dont le clergé avait à se

« plaindre. Seulement, comme il était
« *quelquefois malin*, il voulait tirer une
« petite vengeance des Jésuites en leur
« montrant qu'il n'était pas dupe du mo-
« tif qui les portait à attaquer si violem-
« ment l'ÉGLISE NOUVELLE.

Je le demande, est-il permis de présenter sous de telles couleurs un des premiers évêques de France, d'en faire un
ambitieux, un hypocrite et un lâche ?

Mais d'ailleurs à quoi bon s'indigner.
L'auteur a tellement perdu le sens moral
qu'il croit flatter ceux qu'il décrit ainsi !

Entre la bassesse et lui il y a attraction.
C'est ainsi qu'il fait dire au même cardinal. « *Que ce n'est pas le pape qui est
pape... Que le pape est un saint homme,
mais un sot*, etc., etc.

Voici maintenant le dénouement de ce
livre anti-humain. Il est digne du reste.

Un éléve des Jésuites, un certain comte de Saint-Hermenegilde, naturellement laid, vil, ignoble et dévot, à vu Thérèse et en devient amoureux. Il veut l'épouser. Elle qui a Loubaire dans le cœur refuse. Colère du comte. Il conçoit le dessein d'assassiner son rival et de débarrasser l'Eglise de ce rénégat. Il s'ouvre de son dessein à un frère jésuite qui, sous frime de l'en détourner, le pousse à l'assassinat. Mais comme il chancelle encore dans sa résolution, il s'en va prier la Sainte Vierge à Notre-Dame-des-Victoires... (Oui ! Oui ! Oui ! cela est écrit), et profitant d' une nuit sombre il poignarde Loubaire dans la rue Saint-Guillaume, au coin d'nne imprimerie qui a de grosses pierres à sa porte.

VII

Je termine en déclarant que l'homme qui, sans y être contraint par de sérieux motifs, lira ce livre et le fera avec plaisir, est un homme perdu. La peste est son élément, l'absurde sa loi, la vilenie sa volupté. Et si comme l'a dit Charles Fourrier, les destinées sont proportionnelles aux attractions, cet homme ira directement en enfer.

HISTOIRE DU MONDE

OU

HISTOIRE UNIVERSELLE

DEPUIS ADAM JUSQU'AU PONTIFICAT DE PIE IX (1863)

PAR

MM. HENRY ET CHARLES DE RIANCEY

ÉDITION COMPLÉTEMENT NOUVELLE

entièrement refondue et considérablement augmentée
par M. Henry DE RIANCEY, ancien député

10 BEAUX VOLUMES IN-8, A 5 FRANCS LE VOLUME

(DEUX VOLUMES ONT PARU)

Le spectacle le plus intéressant qui puisse jamais
être offert à la méditation est, sans contredit, celui
de l'humanité tout entière. Prendre la race humaine à son origine; suivre les développements de
cette vaste famille qui peuple les espaces de la
terre; assister à la naissance, au progrès, à la chute
des empires; et surtout, à travers tous les boule-
versements du monde, voir la marche de l'intelli-

gence, étudier ses combats, ses triomphes et ses défaites ; se rendre témoin de ce grand duel entre la vérité et l'erreur qui. commencé avec le temps, ne s'achèvera que dans l'éternité : voilà le sujet qui doit préoccuper quiconque a le moindre souci de sa dignité et de son avenir. *Il serait honteux à tout honnête homme*, disait Bossuet, *d'ignorer le genre humain.*

C'est ce tableau que MM. de Riancey ont voulu donner. Vingt années d'études consécutives leur ont permis de le présenter avec plus d'ensemble qu'il ne l'avait jamais été.

Conditions de la souscription

ET PRIME OFFERTE AUX PREMIERS SOUSCRIPTEURS

Tout souscripteur à l'*Histoire universelle du Monde*, qui nous enverra un mandat (50 francs) sur Paris ou sur la poste, recevra *gratis* :

1° L'ouvrage *franco* ; — 2° Douze mois d'abonnement à la *Revue du Monde catholique*, ou, à son choix, la *Vie des Saints illustrée, du P. Giry*, 2 volumes in-4°, du prix de 20 francs.

En ajoutant 10 francs, on recevra la *Vie des Saints*, magnifiquement reliée, dans un étui, et formant un superbe cadeau.

Paris. — De Soye et Bouchet, imp., place du Panthéon, 2.

www.ingramcontent.com/pod-product-compliance
Lightning Source LLC
Chambersburg PA
CBHW071344030726
47594CB00002B/747